大家小小书
篆刻 王兴家

中国历史小丛书

主　　编	吴　晗			
编　　委	丁名楠	尹　达	白寿彝	巩绍英
	刘桂五	任继愈	关　锋	吴廷璆
	吴晓铃	余冠英	何兹全	何家槐
	何干之	汪　篯	周一良	邱汉生
	金灿然	邵循正	季镇淮	陈乐素
	陈哲文	张恒寿	侯仁之	郑天挺
	胡朝芝	姚家积	马少波	翁独健
	柴德赓	梁以俅	傅乐焕	滕净东
	潘絜兹	戴　逸		

新编历史小丛书

主　　编	戴　逸			
副 主 编	唐晓峰	王子今	黄爱平	
总 策 划	高立志	吕克农		
编　　委	李洪波	李鹏飞	沈睿文	陈建洪
	杨宝玉	徐　刚	聂保平	郭京宁
统　　筹	王铁英			

新编历史小丛书

黄巢起义

宁可 著

北京出版集团
文津出版社

"小书"蕴涵"大关怀"

宁 欣[*]

《黄巢起义》是吴晗任北京历史学会(1960年成立)会长时组织编写的既有普及性又有学术性的历史小丛书之一。记得父亲回忆当时在北京历史学会兼职,除了我父亲以外,还有我读博士时的导师何兹全先生,他们在一起切磋学术,悠游其间,其乐融融。吴晗先生属于决策者,有决断,愿做事,有想法。何先生是儒雅长者,风格恰像他所崇尚的一个民间隐者写的对联"人海身藏焉用隐,神州坐看可无言"。而父亲属于"年轻新锐",才30岁左右,承担了一些具体工作。父亲虽然才30岁左右,居然在当时任职的北京师范学院(后改为首都师范大学)已属于"老先生"的行列。他参与了"中国历史小丛书"的编写工作,承担《黄巢起义》一书的撰写。

父亲的研究主要集中在五个领域:农民战争、隋唐五代史、史学理论、敦煌学、经济史。农民战争研究在20世纪五六十年代是史学界讨论的重点,被誉为"五朵金花"(针对中国古代史分期问题、中国封建土地所有制形式问题、中国封建社会农民战争问题、中国资本主义萌芽问题、汉民族形成等五个重点问题反复讨论、形成热点,其他问题似乎被边缘化,有的成为禁区)之一。父亲的成名作《论历史主义和阶级观点》(《历史研究》1963年第4期)和《论马克思主义的历史主义》(《历史研究》1964年第3期)受到广泛好评,但在"文革"中被斥为"两株大毒草",38岁便被扣上"反动学术权威"的帽子,"中国历史小丛书"也被列入"黑书"的名单。父亲始终保留着《黄巢起义》的原版,记得20世纪50年代末刚出版时,墨香犹在,与父亲一起经历了半个多世纪的风风雨雨,尤其是经历十年浩劫,形象已经类似"孔夫子旧书店"上兜售的"七品",但在我们家则属不外借的珍藏品。

在写《黄巢起义》前后,父亲陆续发表了多篇探讨农民起义和农民战争的论文,如《对"正确估价农民起义在历史上的作用"一文的意见》(《光明日报》的《史学》副刊第84期,1956年6月7日)、《中国农民战争史上的农民政权问题》(《新建设》,1960年10月、11月号合刊)、《关于中国封建社会农民战争中的皇权主义问题》(《光明日报》,1960年12月13日)、《关于中国历史上农民政权的几个问题》(《文汇报》,1960年12月27日)、《唐代宗初年的江南农民起义》(《历史研究》1961年第3期)、《读王仙芝黄巢受敌诱降、乞降考辨诸文质疑》(《光明日报》的《史学》副刊第242期，1962年7月18日)、《中国农民战争的自发性与觉悟性问题》(《红旗》，1962年第7期；《新华月报》，1962年第4期转载)、《尚让的下落》(父亲用笔名武慰萱，《江海学刊》，1962年10月号，增补后刊载于《北京师范学院学报》，1979年第1期)、《对农民战争后封建王朝一些政策的分析》(《新建设》，1963年3月号)等，有理论探讨，也有实证考论，不是"急就章"，而确实是研有心得的成熟之作，体现了他们那一代学人用马克思主义基本观点和方法，注重研究生产力和生产关系、上层建筑和经济基础的互动关系，注重研究和探讨中国历史问题的孜孜不倦的精神。

大学者写小读物，写带有普及性质的读物，是当时学术为人民大众服务、为社会主义政治服务的重要指导思想的切实体现。父亲置身其中，不仅写出大块文章，也写出了这类语言生动明快、脉络清晰、雅俗皆宜的大众读物。虽然主旨是面向普通民众，但充实而不浅薄，以历史唯物主义史观为指导，将作者对农民起义和农民战争的分析与评价也融入其中，可谓深入浅出的典范。

人民群众是历史的创造者，农民战争是推动历史前进的动力，正是在这种史观的指导下，农民战争问题研究跻身"五朵金花"，也成为编写"中国历史小丛书"不可或缺的选题。1959年第一批出版了36种小丛书，其中古代和近代史上农民起义及领袖人物占8种，《黄巢起义》即在其中。

记得我在"文革"结束恢复高考后满怀希望地投入备考复习中，把自秦末陈胜、吴广起义迄太平天国运动，从爆发的原因、起义的过程、起义的结果、起义取得胜利和最终失败的原因，到每次农民起义和农民战争的时代背景、不同特点都作为备考的要点，不仅背得娴熟，还能做到融会贯通，之后在高校执教30年，在讲授经济史时，始终获益匪浅。一直到考研究生，记得北京大学历史系出的大题之一就有东汉末年的黄巾起义。现在，针对农民起义和农民战争的研讨逐渐冷却，各级考试也不再涉及这类问题。

对历史动力的研讨不仅开拓了更为广阔的领域,引入和借鉴了新的思维方式,也使研究者和读者都有了新的视角。中国传统社会是一个以农业为主的社会,农民问题始终是促进社会前进、演变,造成社会停滞、动荡,甚至翻天覆地的核心问题。"中国历史小丛书"包括《黄巢起义》在内的与农民起义和农民战争有关的"小书",对我们今天如何认识中国传统社会、如何认识农民问题,以及在我们今天的现代化建设中如何解决好"三农"等大问题,都具有重要的理论和实践意义。可以说,不了解农民起义和农民战争,就无法全面认识中国的农民;不了解农民,就不能全面认识中国。因此,虽然是"小书",却蕴涵着对历史和现实的"大关怀"。

"中国历史小丛书"虽然被列入历史通俗读物之列,但通而不俗,堪称精品之作。如何传承老一辈史学家留给我们的宝贵思想财富和文化财富,如何书写历史,历史书写和历史研究过程中如何重视对大众的引导和普及,今天仍然是需要认真思考的问题。

2016年9月16日

注释:

*宁欣为本书作者宁可先生的女儿。

目　录

一、农民大起义在酝酿着…………… 001

二、投奔起义军去…………………… 010

三、转战中原………………………… 019

四、南征……………………………… 031

五、北伐……………………………… 041

六、潼关之战………………………… 050

七、占领长安，建立大齐政权……… 059

八、长安被围………………………… 067

九、悲壮的结局……………………… 083

十、这次起义的历史意义…………… 093

一、农民大起义在酝酿着

九世纪后半期,中国发生了一件惊天动地的大事,这就是历史上有名的黄巢起义。

那时候,正当唐朝末年,农民的生活悲惨极了。唐朝皇帝就是全国最大的地主。京城长安和东都洛阳所在的陕西、河南一带,遍布着皇家的园苑、稻地、麦田、果园、竹园、菜园、桑园、麻田、药圃、山林、池沼、牧场和猎场,全国其他地区也有许多皇家庄田。

贵族、官僚、武将、太监也纷纷强占田地，他们往往一家就拥有十几处甚至几十处田庄，这些田庄小的有几十亩或几百亩，多的成千上万亩。有个叫韦宙的官僚，只江陵（今湖北江陵）一处的田庄就存有谷子七千堆，连皇帝听到都羡慕地称他为"足谷翁"。此外，寺院也占有很多土地。据估计，全国至少有几千万亩良田属于寺院。至于占有几十亩、几百亩土地的普通地主，那就更多了。长安附近的二十四个县，一半以上的土地落到了贵族、官僚和地主的手里。

那时候土地收成有限，佃户们一年辛苦到头，普通年景一亩地才能打一石多谷子，好一点的地也不过能打二石多。就这么点粮食，地主最少要拿走一半。此外，佃户还要向地主缴纳油、丝、麻、草料，甚至运粮的"脚钱"，要无偿地为地主舂谷、修建房屋、运送粮食，替他们应官差。有时佃户自己也得向官府纳税和应差役。至于地主的雇工，生活比佃户更加凄惨。

那些勉强留下一小块土地的自耕农，情况也不比佃户和雇农好多少。唐朝后期，封建国家的赋役剥削十分沉重。根据法令规定，贵族、官僚、地主一般可以免去租税和差役，即使不能免去，他们也有种种方法减轻和逃避，或者就干脆仗势不纳税、不服役，沉重的赋役负担大部分落到了自耕农民的头上。唐朝后期的正税叫作"两税"，数目已经不少，可是官府还常常随便增加税额。最使人民痛苦的是，"两税"原来规定征钱，而农民手中只有粟帛。唐后期钱币流通量少，形成"钱重物轻"的现象，粟帛的价格逐渐下跌，用粟帛折钱缴税，常常要比初定税时多交一倍到三四倍的东西。正税之外，杂税名目繁多，层出不穷。而且，唐朝政府又常常不到缴税的时候就去向农民催讨税物，农民只好忍痛把没有织完的布帛和仅剩的一点口粮拿去完税。

根据唐朝政府的规定，农民原来负担的徭役，已经折成税款，并入"两税"之内，不需要再服徭役了。可是，官府却不照规定办理，依旧大量征发农民从事各种劳役，像修建官舍、城墙，运送官物等，不但不给报酬，农民还得自带口粮、工具。征发差役的时候又往往是在农忙季节，这就使得贫苦农民的负担更重了。

在这样沉重的剥削下，农民只得过着"二月卖新丝，五月粜新谷，医得眼前疮，剜却心头肉"的朝不保夕的痛苦生活。

连年不断的水灾、旱灾、蝗灾，田地经常歉收，可是官府和地主还是照旧收租收税。有些田地颗粒无收，官府就把这些田地应缴的税额摊派到那些还有点收成的田地上去。唐朝地方官考核政绩的主要依据是看管辖地区内人口赋税的增减情况。为了升迁，丧心病狂的官僚尽力设法隐瞒灾情，不许农民报灾。有个地方官竟荒谬绝伦地申斥报旱灾的农民："树上还有叶子,哪里来的旱灾!"

缴不起租、完不了税的农民只好向官府、地主、商人借高利贷。这种高利贷的剥削很残酷,一般是月利四分到七分,而且是利滚利。一年过去,息钱常常差不多和本钱相等,重的一年息钱要超过本钱好几倍。还不起债的人就要被官府抓去坐牢。

逼得走投无路的农民只好卖掉自己的土地、家产来缴租完税,偿还高利贷。为了活命,大批的农民只好投靠地主、官僚、贵族,充当他们的佃户、雇工和奴婢。或者离乡背井,逃往外地。逃走的人家应缴的税物,地方官照数分摊给留下的农民。于是本来可以不逃亡的农民也无法过下去了，也只得纷纷逃亡。

农民的血汗养活了庞大的封建统治阶级——地主、官僚、太监、僧道、武将、贵族和皇帝，他们过着奢侈荒淫的生活。公元869年，全国好多地方发生严重的旱灾和蝗灾，老百姓纷纷逃亡、暴动。就在这时，唐懿宗为他心爱的女儿同昌公主举行了一次极为豪华的婚礼。陪送的东西多得数不清，光铜钱就有五百万缗，一缗是一千文钱，合计钱数达五十亿。婚房的门窗都用珍宝装饰，甚至畚箕、柜子、筐子都是用金银做的。

唐朝的政治也一天比一天腐败、

黑暗。中央政权被宦官（太监）把持着，皇帝简直成了他们的傀儡。宦官与官僚之间又分成派别，进行着激烈的争权夺利的斗争。政变时常发生，政局动荡不定。唐朝最高级的地方官员是节度使（又称"藩镇"或"方镇"），他们掌握所辖地区的军政、民政和财政实权。当时，黄河下游和河北一带有好多节度使各霸一方，不听中央号令，形成所谓藩镇割据的局面，他们有时起兵反抗唐朝的中央政府，有时又互相攻打。他们抓兵抢粮，杀人放火，连年战争弄得城市成了废墟，田野长满荒草，严重地破坏了农民的生产。

　　这种日子再也过不下去了，农民的愤怒增长起来，到处爆发农民起义。

其中规模较大的是唐宣宗大中十三年（公元859年）浙江东部的裘甫起义和唐懿宗咸通九年（公元868年）徐州（今江苏徐州市）地区的庞勋起义。裘甫的起义军增加到三万多人，庞勋的起义军增加到二十多万人。这两次起义虽然最后都被唐朝统治者残酷地镇压下去，可是起义军的余部散往各地，继续坚持隐蔽分散的斗争。农民心里的仇恨已经愈来愈深，更大规模的起义在农民中间酝酿着。

二、投奔起义军去

咸通十一年（公元870年）以后，黄河中下游一带的老百姓特别苦。水灾、旱灾已经接连闹了好几年。咸通十四年（公元873年）的灾情更加严重，麦子的收成还不到往年的一半，大秋简直没有收到一点儿。等到冬天，连野菜也没的吃了。农民们只好吃草籽磨的面和夏秋留下的槐树叶子。

往年闹灾，农民们还可以到外地去逃荒，可是这一年的灾荒，西起虢州

（今河南西部），东到海边，几乎都是颗粒不收，连逃荒也没处可去了。

　　灾情这样重，官府却还是和往日一样地向农民要税。农民缴不出来或是缴晚了，就得挨板子。为了完税，有的人家只好拆屋砍树，卖妻卖子。可是在那样的年月，田舍、人口又能卖得了几个钱？农民得的钱常常连供下乡催税的差役们的吃喝都不够。租税之外，官府还要征调农民去服役。唐朝中央政府尽管也假仁假义地下令停征欠税，开仓赈济饥民，实际上只是一纸空文，农民的处境丝毫没有得到改善。

　　农民们没有法子再活下去，很多人自杀了，更多的人跑到深山港汊，拒绝纳税，打算跟官府拼一场。黄河下游地方常有水患,灾情特别严重,这一带地方人民中间流传着"金色虾蟆争努眼,翻却曹州(今山东曹县北)天下反"的民谣。反抗的呼声越来越高了。

唐僖宗乾符元年(公元874年)年底,私盐贩、濮州(今山东濮县东)人王仙芝与他的伙伴尚君长和尚让兄弟、柴存、毕师铎、曹师雄、刘汉宏、李重霸、徐唐莒等人,带领三千人在渭州(今河南滑县东)匡城县的长垣(今河南长垣县)起义了。起义军向各地发出宣言,指责唐朝官吏贪婪残暴,赋税繁重,赏罚不公,提出反抗唐朝统治的斗争目标。王仙芝自称是"天补平均大将军兼海内诸豪都统",意思是说他要代表天来补足人间的不平,并明白宣称自己是一切反唐力量的首领。

乾符二年（公元875年）五月，王仙芝的队伍攻下了曹州和濮州，被逼得无路可走的农民，纷纷离开苦难深重的家乡，投奔起义军。起义军的队伍很快发展到好几万人，并且打败了驻在郓州（今山东东平西北）的天平节度使薛崇的进攻。

为什么这次起义首先由私盐贩发动起来呢？

原来，唐朝规定食盐由国家专卖，为了增加财政收入，政府把盐价定得很高。从政府那里承销食盐的商人又把卖价定得更高，有时竟超过官价的一倍，往往几斗谷子还换不到一升盐。在政府和商人的双重剥削下，贫苦的农民被逼得只好淡食。于是就有些人组织起来贩运私盐，用比官价低的价钱卖给老百姓。江淮沿海是当时最重要的产盐区，山东西部和河南一带人口稠密，又不出盐，这些地方特别是运河线一带，就成了私盐贩活动的重要地区。

私盐的贩运影响了唐朝政府的剥削收入，因而遭到政府的严厉禁止。唐朝政府把私盐贩叫作"盐贼"，派遣大批的士卒去缉捕他们。并且颁布法令，私盐贩贩盐一石到二石的，要受杖责和罚款，三石以上的受杖责以后充军到西北边疆去；带有武器并且拒捕的，按"盗贼"论，处以死刑。为了抗拒唐朝政府的搜捕，保护自己的营业，私盐贩们就成群结伙地武装起来，到处游动，和巡缉的士兵对抗。由于他们是有一定的组织，从结伙抗官的活动中得到了武装斗争的经验，在到处游动中熟悉了各地的情况，通过私盐的贩卖，又和贫苦百姓建立了一定的联系。因此，他们就自然而然地站在劳动人民一边，成为起义的发动者和领导者，成为反抗唐朝统治的斗争的核心力量。

王仙芝起义的消息像一阵风一样传遍了黄河中下游，也惊动了曹州冤句（今山东曹县北）的一个好汉黄巢。

黄巢出身于世代贩盐的富商家庭。他能文能武，骑马射箭、作诗写文章，样样都行，口才也很敏捷。他为人十分豪爽，喜欢结交豪杰、打抱不平，并周济贫困的百姓，掩护一些受官府迫害的人,当地的老百姓都很拥护他。

　　黄巢曾去长安参加进士科的考试,想求得一官半职。可是政治那么黑暗,如果不向朝中大官或高级贵族钻营纳贿,就根本别想考上。黄巢在京中既没有门路,人家又因为他是个贩盐的出身,瞧不起他,所以考了好几次都没考上。进士没有考上,但唐朝政治的黑暗、剥削的残酷、政府的腐败无能、各地人民的痛苦生活,却被他了解了不少,从而增长了他对唐朝统治者的憎恨,也加强了他反抗唐朝统治的决心。从长安回来后,他曾作过一首诗《菊花》来发泄他的愤懑和不平:

　　　　待到秋来九月八,

我花开后百花杀。

冲天香阵透长安，

满城尽带黄金甲。

从这首诗可以看出，他当时已经有起兵反抗唐朝的意思了。

黄巢回家后，也从事贩运私盐，得到了不少斗争经验，又结识了一批志同道合的朋友。王仙芝起义的消息传来以后，他立刻召集七个本家兄弟计议，决定立即响应，并且分头去联络伙伴，集结人众。等到王仙芝打下曹、濮二州后，黄巢就同他的本家哥哥黄存、弟弟黄邺（又名思邺）、黄揆、黄钦、黄秉、黄万通、黄思厚共八人及数千群众在曹州北面二十里的冤句起兵。黄巢的队伍很快就进入曹州,和王仙芝会合在一起。黄巢在王仙芝的队伍里担任"判官"的职务,充当起义军的副帅。

两支起义军会合后,力量更加雄厚。几万人的队伍,转战在山东南部,原先在这里活动的庞勋余部也纷纷参加起义军。此外,从黄河到福建的广大土地上,还有许多反唐武装在活动,队伍多的有千余人,少的有几百人。全国性的农民大起义已经不可遏止了。

三、转战中原

乾符二年（公元875年）十二月，王仙芝起义军东向进攻沂州（今山东临沂县），平卢节度使宋威从青州（今山东益都县）南下援救沂州，附近各道唐军也纷纷赶来。唐军和起义军在沂州城下大战，起义军失利撤退。宋威谎报战功，说农民军彻底失败，王仙芝已被杀死，要求各路兵马都撤回原驻地去，他自己也兴高采烈地回转青州。这个假的捷报传到长安，朝廷信以为真，百官纷纷上殿朝贺。不料刚过三天,地方上的急报传来,原来王仙芝不但没有死,而且带领队伍,胜利地避开了围攻的唐军,摆脱了不利的形势,打出山东,转战到黄河、淮河之间的广大地区,直接威胁着唐王朝的生命线——大运河了。

唐朝政府赶忙重新组织镇压的力量,任命宋威统一指挥各路兵马,加紧向王仙芝和黄巢的起义军进攻。各道唐军刚从沂州撤回休息,马上又接到紧急的征调命令,士兵们怨气冲天,士气低落,甚至发生骚乱。起义军抓住这个机会,采取了大胆机动的战略,突然向西进军,朝唐朝统治腹心地区的东都洛阳杀去。唐朝政府赶紧调兵防守洛阳和各处紧要地点,并且命令各路唐军四处堵截起义军。

乾符三年（公元876年）八月底，王仙芝率几万起义军攻到汝州（今河南临汝）城下，腐朽的唐政府在地方上并没有充分的武装力量，汝州刺史王镣临时派了五百名士兵去城东二十里外的苦慕店抵挡，刚一交锋，便全军覆没。第二天，起义军一鼓作气，攻下汝州，俘虏了王镣。汝州是东都洛阳南面的屏障，离洛阳只有一百八十里，也是起义军攻克的第一座重要城市。汝州失守的消息传来，东都大为震动，官僚、贵族人心惶惶，纷纷携家带口，出城逃难。由于汝州和洛阳之间横亘着险峻的山岭，唯一的通道是洛阳城南三十里的伊阙，两山夹峙，一水中流，地势险要，易守难攻。起义军从汝州直接向北强攻，困难很多，于是改向东北迂回进攻，包围了郑州（今河南郑州市），但是却被从郑州东面的中牟出击的昭义军打败。王仙芝见这一带唐军人数众多，防守严密，便放弃了进攻洛阳的打算，改向唐朝守备比较薄弱的河南西南发展。

这年十二月，王仙芝从河南经汉水流域攻到了蕲州（今湖北蕲春县）。到达蕲州城下的起义军一共是五千人。这时，起义军里发生了一个变故。

被起义军俘虏的汝州刺史王镣是宰相王铎的堂兄弟，他随起义军到了蕲州。蕲州刺史裴偓正好是王铎当考官时考中的进士，算是王铎的门生。于是，王镣为王仙芝写了一封信给裴偓。裴偓正为无法应付城外的起义军发愁，接到信后，大喜过望，马上回信建议休战，由他为王仙芝向朝廷奏请招安、封官。王镣也极力劝说王仙芝答应。王仙芝受不住诱惑，开始动摇了，便答应停战，并且进城赴宴，接受了裴偓的丰厚赠礼。

裴偓的奏疏到了朝廷，引起大臣们的辩论。其他的宰相都反对，只有王铎力主招降。由于起义军实在不好应付，所以朝廷最后还是同意了王铎的主张，任命王仙芝为左神策军押牙兼监察御史，并且派了一个宦官把告身（即委任状）赶紧送到蕲州。

但是，投降的事遭到黄巢的坚决

反对。他愤愤地对王仙芝说："我们最初曾经共同立下大誓，要横行天下，扫尽人间的不平。今天，你竟一个人到神策军去做起官来了。你忘了当初的誓言？你打算把这五千弟兄往哪里安置！"弟兄们也都愤愤不平，喧噪起来。黄巢义正词严的斥责和弟兄们的愤激情绪，使王仙芝感到羞愧。他终于改变主意，拒绝了唐朝的任命，带领大家打进了蕲州城。

这场变故以后，黄巢不愿意再跟王仙芝继续合作，便带领两千多人向山东打回去，王仙芝和尚君长率领三千多人留在江汉地区。

在乾符四年（公元877年）这一年里，起义军的声势越来越大了。南面，王仙芝在江汉平原活动，先后攻下了好几个州城，打得唐军只能被动防守，狼狈不堪。中路，尚让占据了嵖岈山作为根据地，活动在河南中南部。北边的黄巢更为活跃，乘着唐朝将注意力集中在江汉淮南一带的机会，长驱北上，二月攻下郓州，三月攻克沂州，七月包围宋州（今河南商丘南），十一月黄巢又回到最初发动起义的地方，攻下了匡城、濮州。

面对着三路起义军在中原地区如火如荼的斗争，唐朝政府内部一片混乱。大臣们互相抱怨，争吵不休。宰相王铎、卢携支持老朽昏愦的宋威，另一个宰相郑畋则痛骂宋威谎报战功，欺骗朝廷，主张撤掉宋威和曾元裕的职务，由忠武节度使崔安潜、大将张自勉等代替。双方各持己见，互不相让。领兵大将之间钩心斗角，矛盾很深，各路兵马不服从宋威调动。在这种情况下，唐朝政府一方面极力加强对起义军的军事镇压，同时，号召各地地主组织地方武装与起义军对抗，有功的可以升授官职，企图发动全部地主阶级来对付起义军。另一方面，唐朝政府又加强对起义军的分化、诱降活动，扬言只要起义军肯投降，首领可以授予官职、赏给钱财，起义群众可以由政府负责安置，或者编入官军，或者回家生产。

在军事上一再取得胜利使得唐军无可奈何的王仙芝，却又一次在唐朝阴险的诱降活动面前动摇了。

乾符四年（公元877年）十一月，招讨副使曾元裕正在蕲、黄一带尾追再度西进的王仙芝，在曾元裕军中担任监军的宦官杨复光派判官吴彦宏去王仙芝军中诱降，王仙芝竟派大将尚君长和蔡温球、楚彦威去杨复光军中商洽。杨复光让尚君长等北去长安"请罪"和求官。不料这事被驻屯在亳州（今安徽亳县）一带的宋威探知。宋威因为出师无功，遭到各方面的攻击，如果杨复光招降王仙芝成功，他的地位就更难保了。因此，他派兵在半道上劫走了尚君长等人，谎称是在颍州（今安徽阜阳县）西南的战斗中俘获的，以破坏杨复光的计划，把功劳算到自己账上。杨复光赶紧上疏申辩，说尚君长等确实是来投降的。唐朝政府派人前往审问，杨复光、宋威各执一词，真相竟弄不清楚。最后，尚君长等人被唐朝当作"叛逆"解到长安东市斩首。

尚君长等人的被劫，使王仙芝放弃了妥协的幻想，再度发动猛攻。十二月，起义军攻打江陵（今湖北江陵县）。正当江陵眼看就要攻下时，襄州（今湖北襄樊市）李福的兵马出动了，同来的还有沙陀族骑兵五百人。襄州的援军和起义军在江陵北面二百四十多里的荆门（今湖北荆门县北）相遇。起义军缺乏对付骑兵的经验，经不住剽悍的沙陀骑兵的冲击，战斗失利。乾符五年（公元878年）正月六日，王仙芝起义军的另一部在申州（今河南信阳市）东面被曾元裕击败，损失了两万人。

王仙芝的妥协活动及尚君长等人的被杀，再加上几次战斗失利，起义军的士气受了很大影响，战斗力也削弱了。唐军的气焰却高涨起来。当曾元裕在申州打了胜仗之后，唐朝政府终于解除了宋威的招讨使职务，由曾元裕接替，而由张自勉担任招讨副使。这年二月，东撤的王仙芝部和曾元裕部在蕲州黄梅县大战，起义军被唐军击溃，五万多战士壮烈牺牲，王仙芝也被唐军斩首。起义军遭到起兵以来的第一次严重挫折。

王仙芝是唐末农民战争的发动者和最初的领导者，他带领起义军从山东一直转战到长江流域,最后在战争中牺牲。他虽然一度动摇,犯了严重的错误,但从他的全部活动看,仍然应当作为农民革命的领袖而载入史册。

四、南征

南方的起义军受到了重大的挫折,北方黄巢领导的起义军却得到了发展。

王仙芝战死时,黄巢正在围攻亳州。王仙芝在江北的余部由尚让率领北上,投奔黄巢。大家推黄巢为最高领袖,称他"冲天大将军",意思是让他带领大家冲倒唐朝的天下。在黄巢领导之下,起义军建立了军事政权,任命了各级官署,并且宣布不再用唐朝的乾符年号,改元为"王霸",表示和唐朝中央政权对抗到底。

当时,黄河以北的河北地区,是长期割据的半独立的"河北三镇"的地盘。地方军阀的武装力量比较强,不利于起义军的发展。黄河以南的山东、河南一带是唐朝统治的腹心地区,军事据点很多,守御坚强,军队众多。而且,唐朝在这个地区又集中了很雄厚的机动兵力,极力追击和堵截起义军,地方上的地主武装也纷纷和起义军对抗,起义军渐渐感到活动困难。王仙芝失败以后,唐朝政府又准备把原先对付王仙芝的唐军调过来进攻黄巢,形势对黄巢很不利。

为了避开集中的唐军的打击,为

了使起义的火焰燃烧到更广大的地方，也为了和在江南地区活动的起义军取得联系，黄巢决定向南进军，打过长江，到唐朝统治比较薄弱的江南地区去。

乾符五年（公元878年）三月，中国历史上有名的战略远征开始了。起义军从山东西南部出发，首先做出要去打唐朝的东都洛阳的样子。当唐军急忙向洛阳集中的时候，黄巢却突然带领起义军急速南下，渡过淮河，河南的唐军只好眼睁睁地看着起义军向淮南地区杀去，毫无办法。这年夏天，起义军从和州（今安徽和县）和宣州（今安徽宣城）一带渡过长江，向宣、歙（今皖南）、两浙（今江苏南部和浙江）发展。黄巢的渡江使江南地区农民起义的火焰燃烧得更加炽烈。

这年八月,起义军攻宣州,但在宣州以西一百〇五里的南陵作战中失利。起义军继续东进,前锋进攻杭州(今浙江杭州市),未能攻克,便渡过钱塘江,在这年的九月攻下了浙东的首府越州(今浙江绍兴)。浙东观察使崔璆也在被俘后归顺了起义军。

尽管如此,两浙的局面还是很难打开。镇海节度使高骈是个残暴的军阀,其军队战斗力也比较强。高骈派遣部将张璘、梁缵等人分路大举进攻,起义军受到不小的损失,越州很快又被张璘夺回。另一方面,两浙地区的地主武装——土团也纷纷活动,像杭州附近就有八支地主武装,号称"杭州八都"。

两浙地区道路狭窄，河汊密布，冈峦纵横，不利于大队人马流动作战。起义军在两浙遇到很多困难，于是，黄巢决定放弃浙江，向福建进军。

从浙江到福建的路很不好走。走海路吧，队伍太多，一时找不到这么多的船只，只好走陆路。可是，陆路要通过浙江和福建交界处的仙霞岭，这里山峦起伏，绵延二百多里，到处是悬崖峭壁，最高峰海拔达一千五百米以上，又有许多涨落不定的溪流，有的地方只有一条弯弯曲曲的小路，狭窄处行人只能贴着山岩通过，有的地方甚至连路也没有。这条路，单身旅客走起来都很困难，更不用说带了好多武器和辎重的大队伍了。

起义军并没有被这些困难吓倒，他们自己动手，逢山开路，遇水搭桥，在短短的一两个月时间里，打通了从衢州（今浙江衢州）到福建建州（今福建建瓯市）之间的一条七百多里长的山路。起义军的大队人马就沿着这条道路浩浩荡荡地开进了福建。从此以后，这条起义军开通的山路就成了浙江和福建之间的交通要道。

乾符五年（公元878年）十二月十三日，起义军攻克福州（今福建福州市）。福建的许多州县都被起义军占领。当时许多失意的地主阶级知识分子对唐政府很怨恨，在社会上形成了一股可能与农民起义相结合的力量。黄巢本人也是个多次投考进士不中的失意知识分子，他了解这些读书人的心理，并且注意争取他们。早在攻入福建之前，起义军中就流传着这样的口号："逢儒则肉，师必覆。"意思是说：如果随便杀死碰上的读书人，就一定要打败仗。进入福建以后，尊重读书人在起义军里竟成了一种风气。甚至许多被俘的地主，只要冒充读书人，就可以得到释放。但是，对那些坚决与起义队伍为敌的地主阶级知识分子，起义军也是毫不客气。有个在福建颇有点名气的诗人周朴，被黄巢请去参加起义军，他却大骂说："我连唐朝天子手下的官都不肯做，怎能从'贼'。"黄巢便把他杀掉。由于起义军这种正确的政策，不少地主阶级知识分子参加了起义军，另一些则采取中立、观望的态度,从而分化了地主阶级,削弱了唐朝的统治力量。

虽然唐朝在福建地区根本没有可以和起义军抗衡的力量,但是这个地方狭小多山,缺乏充足的粮食、物资,不利于大部队的活动。因此,起义军在福建短暂停留后就继续南下,乾符六年(公元879年)五月,来到了广州(今广东广州市)城下。

广州是唐朝重要的国际贸易商港,有人口十余万,相当富庶。攻占这个地方,不仅可以使起义军得到休整的基地,而且也是对唐朝的沉重打击。驻在广州的岭南东道节度使李迢眼见无法抵挡起义军的进攻,便建议朝廷招降黄巢。

唐朝政府虽然对起义军采取军事镇压和分化、诱降两手相结合的政策，但是大臣中有的主"剿"，有的主"抚"，意见不一，矛盾重重。经过一场争论之后，唐朝政府决定授给黄巢一个率府率的四品官，并把告身送到广州去。

起义军知道了唐政府的招降阴谋之后，十分愤怒，立即进攻广州，当天就占领了全城，俘虏了岭南东道节度使李迢。起义军随即分兵四出，占领了岭南各州县。然后，黄巢就命令队伍停下来休整，并对行军途中参加起义军的大批农民加以训练。

在一年多的时间里，起义军从山东一直打到广州。在长途的行军和作战中，不仅得到了丰富的战斗经验，而且也发动了大批农民起来斗争，起义军从几千人扩大到了五十万人，已经成长了、壮大了，对腐朽的唐朝政权做最后冲击的时刻到了。

五、北伐

起义军在岭南进行了休整,解除了长途行军作战的疲劳,新参加队伍的战士也训练好了,将士们都换上新装,把刀枪磨得雪亮,个个精神奋发,急着要和唐军决一死战。另一方面,北方战士不适应岭南的气候,时疫在起义军里流行起来,好些人病死了,部队纷纷建议赶紧北上,去摧毁唐朝的统治。于是黄巢决定北伐。

乾符六年(公元879年)深秋,黄

巢带领着人强马壮、纪律严明的起义军出发了。起义军的北伐宣言像长了翅膀一样飞传到各地。宣言指出：唐朝的大权被宦官把持着，政治腐败，黑暗到了极点，大臣与宦官勾结起来贪污营私，选拔任用官员流弊百出，有才能、有骨气的人都受到排斥。起义军这次北伐，就是要一直打到长安去，把这个可恶的政权连根拔掉。宣言又宣布，唐朝文武官员如果投降，一概不究既往，并可得到奖赏。起义军所到之处，严禁官吏贪污，刺史不许添置财产，县令不许贪污，如果一旦查出，全家老小和亲属都要杀掉。宣言的署名是"百万义军都统黄巢"。宣言句句打动了人民的心，在起义军行军途中，大批的农民加入了黄巢的队伍。

这年十月，起义军到了桂州（今广西桂林市）。起义军砍了大量的竹子，编成几千只大竹筏，趁着湘江涨水的机会，乘着竹筏，顺流而下，浩浩荡荡地杀向湖南。从桂州出发还不到一个月，起义军就攻下了永州（今湖南零陵）、衡州（今湖南衡阳市），很快地打到潭州（今湖南长沙市）。潭州城高池深，是唐军防守起义军北上的第一道防线。潭州的守将李系是将门之后，口才虽好，实际是个草包，却被王铎看中，让他当行营副都统兼湖南观察使。李系手下有精兵五万，连同地主武装和杂牌部队，将近十万人。起义军攻到潭州，李系闭城不敢出战，起义军发动猛攻,仅仅一天就打开了潭州城,十万唐军全部溃散。李系向西逃往朗州(今湖南常德),起义军乘胜追击,从南面绕过洞庭湖,攻下朗州,直逼江陵。

江陵是唐朝军事要地,向北顺汉水经过襄阳可到陕西,西扼四川门户,东通江淮,商业和手工业十分发达,人口有二十多万。专门对付黄巢的都统王铎就驻在这里。王铎的主力部队已在潭州被歼,起义军进兵又极其神速,各地唐军一时来不及调齐,驻在江陵的唐军一共还不到一万人。王铎着慌了,他左思右想,没有别的办法,只好将部将刘汉宏找来,宣称自己要到北面的襄阳去和新任山南东道节度使的刘巨容的部队会合,命令刘汉宏率三千人马留守江陵。说完，王铎就带领大部分兵马逃跑了。

刘汉宏是土匪出身，等王铎一走，他就带着这三千人在江陵城里城外抢开了。他们挨家挨户抢过去，见到财物就往身上塞，见到年轻妇女就捆起来带走，老百姓要是抵抗或抗议就会被杀死。他们又到处放火，把繁华的江陵城烧成一片瓦砾。这伙强盗就在火光和哭声中带着抢来的财物和妇女跑了。侥幸没有被杀害的老百姓逃到城外山谷中去躲避匪徒的凶焰，可是又碰到一连好几天的大雪，他们又冷又饿，死了好些人。等到十几天后，尚让率领着起义军部队打到江陵的时候，江陵已经成了一座死城。

乾符六年（公元879年）十一月，起义军从江陵向北进攻襄阳，中了唐军刘巨容部的伏击，受到一些损失，于是转过头来朝东前进。到了广明元年（公元880年）年初，起义军已沿着长江南岸打到宣州、歙州（在今安徽南部）等地。黄巢面前的主要敌人是淮南节度使高骈，他在淮南修缮城垒，招募士兵，积极备战，这时气焰更加嚣张。高骈派他的最得力的大将张璘渡江向起义军进攻，起义军连续遭到失败。同时，长江天险挡住了起义军北上的进路，限制了起义军活动的范围，地方上又流行着时疫，不少起义军将士受到感染而死亡，战斗力大为削弱。

为了摆脱困境和麻痹敌人，黄巢

贿赂张璘一大笔金钱，借此缓和正面唐军的压力。黄巢又给高骈写信，假称要投降，请高骈替他向朝廷请求。阴险的高骈正想借这个机会消灭起义军，也就假意答应替黄巢请求授予节度使的官职。但是，高骈过低估计了起义军的力量和斗志，以为起义军已经到了山穷水尽的地步，真心想投降，不需再进行什么战斗了，因而放松了戒备。五月，正当高骈扬扬得意，以为可以立刻消灭起义军，立下不世功勋的时候，黄巢突然向高骈宣布断绝一切往来，要求进行交战。高骈又急又怒，轻率命令张璘立刻进攻，结果被经过充分准备的起义军一举击溃，高骈的精锐部队损失殆尽，张璘也阵亡了。黄巢于这年七月，乘胜率起义军从宣州当涂县的采石矶渡过长江，高骈辛辛苦苦经营了几个月的长江防线被突破了。高骈惊慌失措，只得龟缩在扬州城内，再也不敢出战。九月，起义军又顺利地渡过淮河，在北起宋州、南达申州的正面战线上向东推进，而主力则从颍州（今安徽阜阳）经过汝州直指洛阳。

渡淮的起义军队伍整肃，纪律严明，不烧杀、不抢掠，与腐朽混乱的唐军形成鲜明的对比。起义军号召农民参加队伍，壮大自己的力量，同时，又尽力分化唐朝统治阶级，孤立唐朝的中央政权，以便减少向长安进攻的阻力。黄巢曾给各地藩镇送去文牒说："你们应当停留在自己的驻地，不要妄图阻挡我的进攻。我们进军方向是东都洛阳,随后再到长安,目的是向中央政府问罪,和你们没有什么干系。"事实上,起义军也很好地执行了这个方针。当起义军在淮南活动时,有个名声还好的庐州(今安徽合肥市)刺史郑綮曾经给黄巢送去一份通牒,请起义军不要入境,黄巢同意了他的请求,起义军便没有进入庐州境内。这样,在起义军强大的军事和政治攻势面前,腐败无能的唐朝统治者几乎无法组织有效的抵抗。

六、潼关之战

自从三年前起义军南征之后,中原人民就一直盼望着起义军回来。广明元年(公元880年)十一月,天气异常暖和,简直跟春天一样,这样好的天气给从南方远征而来,未及置办冬装的起义军以很大的方便,也使得久盼起义军归来的中原人民心里洋溢着春天一样的喜悦心情。十一月十七日,起义军在凯歌中行进,没有经过战斗,便进入东都洛阳。唐朝的东都留守刘允章见大势已去，只好率领大小官员前往迎接，表示归顺。只有李磎等少数几个官僚坚持反动立场，带着东部留守司的重要印信，逃过黄河，跑到河阳（今河南孟州市西南）去了。

东都洛阳是全国仅次于长安的第二大城市，城周围有五十多里，皇宫御苑，巍峨豪奢，城内各有十条纵横大街，又有几个大市场，人烟稠密，街道繁华。起义军占领了这样的大城市后，军纪良好，城里秩序井然，人们依旧安心生活。黄巢慰问了城里的老百姓，紧接着带领六十万大军，向西面的潼关进发。

潼关是长安的大门，关南是险峻

的高山，关北是湍急的黄河，中间是一条盘旋曲折的小道，潼关关口就在山腰上面，正好锁住通向长安的道路，地势十分险要。从潼关西望，是一马平川、河渠纵横、道路宽阔的关中平原，这里物产丰饶，人口稠密。唐朝的国都长安就坐落在平原的中心。因此，潼关的得失关系到长安的命运。

潼关的守将是一再被黄巢杀得大败的齐克让。这时他带了一万名残兵败将守在关外，眼看起义军的六十万雄兵就要到了，不由得他不着慌。告急的文书雪片似地送往长安。文书上说："我收兵退保潼关，在关外扎寨。部下经过多次战斗，食粮和武器早已不足。潼关一带因为常有军队来往和驻扎，骚扰得很厉害,老百姓早都跑掉了,没处去找给养。士兵们又冻又饿,只想回家,不想打仗,队伍随时都有溃散的危险,希望朝廷赶紧运粮食、派援军来,不然就没法支持了。"

唐朝的皇帝接到告急的消息,想不出一点办法,只能对着宰相流泪,满朝文武也是乱作一团,后来只好从东、西两神策军里拼凑了两千八百人,令张承范等人率领,开赴潼关。同时,又赶紧下令,从长安城里招募新兵,补充禁军。

洛阳失守后的第八天,这支两千八百人的军队才从长安出发。由宦官指挥的神策军既然是天子的禁军,照理说应该是全国最精锐的军队了,可是实际上却是全国最腐败的军队。这支军队里的士兵多半是长安的富家子弟，他们因为贪图丰厚的军饷和赏赐，贿赂了宦官，才当上了禁军。他们平时只晓得穿着漂亮的军服，骑着高头大马，耍威风，摆架子，欺压老百姓，从来没有上过战场，根本不知道打仗是怎么一回事。这些冒牌的士兵和他们的家人听说要出征了，不禁大哭起来，有的索性花钱雇一些连兵器都扛不动的生病的乞丐和穷人来顶替，这支乱七八糟的队伍出发时，皇帝到城楼上送行，张承范着急地奏道："听说黄巢率领西进的人马有几十万。这边只有齐克让领着饥饿的士兵一万人，现在派我带着这两千多人去守关，又没听说有补充军备给养的打算。像这样来对抗黄巢,实在叫人寒心。希望陛下督促各地精兵早来救援。"听到这样丧气的话,皇帝只好假惺惺地安慰他们说:"你们先走,援兵随后就到。"

广明元年(公元880年)十二月初一,张承范的军队到了潼关,好不容易抓到一百多个村民来搬石运水,准备守关。这时无论是关外的齐克让军,还是关上的张承范军,都已绝粮,士气十分低落,只是挨一刻算一刻。

就在这天,起义军的先头部队来到关前。唐军从潼关城楼上远远望去,只见漫山遍野飘扬着无边无际的雪白的旗帜,不知起义军有多少人马。齐克让指挥部下勉强应战。两军接触,起义军先头部队的攻势暂时受阻。就在这时，黄巢赶到了阵前。起义军战士都知道这是有决定意义的一仗，又见到自己的领袖亲临前线指挥，禁不住齐声欢呼，奋勇向前冲去。这一阵排山倒海的攻击，夹着惊天动地的呼声，只震得黄河的急流怒吼如雷，华山的危崖仿佛颤颤发抖，唐军更是心胆皆碎，加上又没有吃饭，勉强支持一阵就溃散了，关下的营盘也被溃兵烧掉，齐克让好不容易才从乱军中逃出，赶紧进关，再也不敢出战了。

潼关南面有一个山谷，可以通到关后。平时唐朝政府禁止商人旅客走这个谷道，规定过路人一律要经过潼关，因此，这谷就叫作"禁谷"。匆忙中，唐军忘了在这里设防，关前战斗之后，溃散的唐军大批从这里逃入关内，一夜之间竟把原来长满藤萝和乱草的山谷踩出一条大路来。第二天，起义军探知有这条路，赶紧派兵从这里前进，去抄潼关的后路。这一天，起义军和唐军在关前激战了一整天，关外一条深壕被起义军奋力运土填平，大军直抵关下。入夜，起义军发动火攻，一霎时，潼关城楼就化为灰烬。这时，张承范才想起禁谷没有设防，赶紧分兵八百人去防守。等到唐军到达时，起义军早已在尚让率领下越过禁谷，到了关后。第三天一早，起义军从关前、关后同时夹攻，唐军全部溃散，张承范化装后率领残兵西逃，天险潼关被起义军占领了。

张承范逃到野狐泉（今陕西华阴

县西南）遇见从奉天（今陕西乾县）调来救援的两千名神策军，气急败坏地说："来晚了！来晚了！"说罢便与援军一同狼狈地继续后撤。另一支援军走到长安城外的渭桥，正好碰上田令孜从长安市民中招募来的新军。士兵们一见这批新军穿着温暖的衣着，便一哄而上，把这些新军抢个精光。一部分人趁机转回长安，又在西市大抢一通。一部分人索性留下来，准备给起义军带路。这样，从潼关到长安三百多里的大路上，再也没有唐朝的守兵，通往长安的大路敞开了。起义军更不停留，黄巢派大将乔钤把守华州（今陕西华县），大军以每天一百多里的速度向长安疾进。

七、占领长安,建立大齐政权

广明元年(公元880年)十二月五日,溃散的唐军涌进长安城里,乱抢乱烧,潼关失守的消息已经证实,局势已无可挽回。唐僖宗和四个皇子、几个妃子由五百神策军护送,偷偷地出长安西面的金光门向兴元(今陕西汉中市)方向逃跑了。

皇帝逃跑的消息一传出去,城中顿时大乱,文武百官纷纷乱藏乱躲,有些士兵和市民就打进府库,把积存的金帛拿出来分掉。

到这天下午,起义军的先头部队由大将柴存率领,进入了长安。老百姓像潮水一样地涌向东门,去欢迎起义军。欢迎的人群中还夹杂着以金吾大将军张直方为首的几十名唐朝文武官员,他们并非真心归顺起义军,而是想去观观风色。

起义军一队又一队地从人前走过,步兵们缠着红色的头巾,穿着鲜明的衣服,扛着刀枪,一排排整齐地走着。顶盔带甲的骑兵,举着雪亮的长矛,挺坐在马上,轻快地跑过去。数不清的辎重车辆,满载着军器、粮食和物资紧跟在后面,把宽广的大路塞得水泄不通。长长的队伍汇成一条巨流,走在过去一直是皇帝、官僚、贵族、军阀们耀武扬威的长安大道上。

黄巢从长安东面的春明门进城了，人群骚动起来，争着向他涌去，想更仔细地看看英雄的容貌。这时候，大将尚让出来对大家讲话了："黄王起兵，本是为了百姓，不像李家皇帝那样不爱惜你们，你们尽管安心过日子，不用害怕。"他的话音还没有落，欢呼声就像巨潮汹涌一样地响了起来。起义军又纷纷把财物和布帛分给路边的穷人。长安城里出现了一片节日的欢腾景象。

起义军爱憎分明，他们对贵族、官僚、富人毫不容情。许多富人的财产被没收，一些作恶多端的唐朝皇室、贵族、官僚也受到了镇压。

十二月十三日,黄巢在大明宫的正殿——含元殿即皇帝位,定国号为"大齐",建元"金统",模仿唐朝的政府组织而建立了新政府。

新政府建立之后,立即下令整饬军纪,不许随便杀人,收缴散在民间的兵器,以防止歹徒扰乱社会秩序。同时,又下令长安城中的唐官一律到新政府报到,听候处置。许多没有来得及逃跑的唐朝官僚、贵族不愿投降,四处藏匿,结果被搜出处死。曾"欢迎"起义军入城的唐金吾大将军张直方在家里隐藏了一百多名唐朝的公卿、贵族,企图组织暴乱,结果被人告发,全被逮捕处死。侥幸没有被捕的唐朝官僚、贵族,纷纷逃出长安。唐懿宗的妃子郭氏流落民间，最后不知下落。

新建的大齐政权，直接控制着关中腹心地区。在关中地区之外，各地藩镇又多向新政权表示归顺。河中留后（驻蒲州，今山西运城西南）王重荣、忠武节度使周岌、东都留守刘允章、平卢军将王敬武等都归降了大齐政权。夏绥节度使诸葛爽本来领着一支河东节度使（驻太原）的兵马屯驻栎阳（今陕西临潼北），准备进攻起义军，这时也投降了黄巢。黄巢命他为河阳节度使。诸葛爽带兵赴任，原节度使罗元杲出兵抵抗，士兵却自动放下武器，欢迎诸葛爽进城，罗元杲只好单身逃往成都。长安西面的军事重镇凤翔（今陕西凤翔），由坚决与起义军为敌的前宰相郑畋当节度使,起义军攻克长安以后,郑畋号召部下出兵,部下打算先观观风色,郑畋气得昏倒。这时黄巢的使者正好来到,监军袁敬柔就代表郑畋向使者表示归顺。这时,大齐政权的使者到处奔走,金统年号的文告四处发布。各地藩镇不是承认这个新的中央政权,就是表示观望,就连远在西北的敦煌也采用了金统年号,宣布归顺。农民起义军的声势达到了顶点。

　　起义军转战两年,取得了这样辉煌的胜利,一方面,固然是唐朝统治已经腐朽透顶,在全国起义形势成熟的情况下,无力抗拒农民起义军;另一方面,也是由于起义军战略和政治策略运用得成功，起义军看准了唐朝中央政权对各地统治力量的不平衡、各地藩镇与中央之间以及藩镇之间的矛盾，避开了唐朝中央政府统治力量较强及藩镇势力强大的北方，采取大规模流动作战的方式，转移到唐朝统治力量较弱、灾荒损害较小、物资比较丰富的南方，充实、壮大了自己，同时又阻扰和切断了江南富饶之区与关中唐朝中央政权之间的联系，削弱了唐朝中央政权的经济力量。此外，黄巢利用唐朝中央政权的苟安心理和中央与藩镇之间的重重矛盾，集中力量进攻中央政权，直捣长安，而对各地藩镇则采取分化政策，争取他们中立，从而削弱了敌人的反抗力量。在军事上，起义军则采取既坚决而又灵活的作战方针。在北伐时，北上襄阳遇到阻碍，立刻转而东下，到了江南，又把防守严密的扬州撇在身后，采取大规模的战略机动，直指中原。而当进攻潼关，必须攻坚的时候，起义军又能奋不顾身，一鼓作气，拿下号称"天险"的潼关，打开通向长安的道路。这一切都表现了农民的英勇、坚强和高度的智慧。

　　正是上述这些原因，使双方力量对比在短短两年里发生了根本的变化，使得起义军能在整个中国燃起一场燎原大火，并以摧枯拉朽之势，长驱直入长安，从根本上动摇了唐朝二百六十多年的统治。

八、长安被围

打进长安,建立大齐政权,是起义军胜利的顶点,也是起义军失败的开始。

辉煌的胜利使得起义军骄傲和麻痹起来。他们以一天一百多里的行军速度迅速攻克长安之后,却没有派兵去追击仓皇逃窜的唐僖宗。这个昏庸的小皇帝带着少数神策军,竟在起义军的眼前以一天五六十里的速度越过秦岭逃到兴元,然后又从兴元逃到成都,依靠田令孜的胞兄、西川节度使陈敬瑄的支持,在成都重新建立起唐朝的小朝廷,并号召各地地主、官僚、藩镇联合起来进攻起义军。逃散的唐朝百官逐渐奔赴成都,各地的税收贡赋也都开始向成都输送。这个本来已经濒于灭亡的唐朝中央政权竟然又逐渐缓过气来,露出它的狰狞面目。成都成了和长安对抗的反革命中心,在这个具有关键意义的时刻,起义军却在长安按兵不动,忙着定国号、称皇帝、封百官,陶醉于某些藩镇不可靠的输款纳降的消息,却没有想到,这些藩镇只是慑于起义军的威势,又不知唐朝中央政权的命运如何,因此才暂时表示归顺,观观风色。他们尽管平日同唐朝中央政权闹矛盾,彼此之间又经常冲突,但在维护封建的经济剥削和政治统治的根本问题上始终有着共同的利益。当他们发现起义军的发展直接威胁到地主阶级的根本利益和他们自己的具体利益时，他们就可能联合起来，支持唐朝中央政权，共同对抗起义军。

首先起来对抗黄巢的是已经公开投降了起义军的河中留后王重荣。他与领兵入关的义武节度使（驻定州，今河北定县）王处存结盟，进驻渭北（今陕西鄜县、宜川、黄陵一带），在长安的北面形成一条反对起义军的战线。在长安的东南，和起义军打过多年交道的太监杨复光这时任忠武军监军，带着一部分军队驻扎在邓州（今河南邓州市）。唐朝政府任命他为京西南面行营都统。于是，在长安的东南面也出现了一条反革命战线。而真正充当进攻起义军的急先锋的则是凤翔节度使郑畋。郑畋杀掉黄巢派来的使者,又让他的儿子郑凝绩去投奔唐僖宗,表示他与起义军对抗到底的决心。中和元年(公元881年)三月,唐朝任命郑畋为京城四面诸军行营都统,并给他以用"墨敕"任免官吏的特权。又根据郑畋的建议,任命泾原节度使(驻泾川,今甘肃泾川北)程宗楚为副都统,前朔方节度使(驻灵州,今宁夏回族自治区灵武县南)唐弘夫为行军司马,积极筹划进攻长安。凤翔一时成为反革命的军事中心,成了插在起义军背上的一根芒刺。

起义军决心拔掉这根芒刺。黄巢派大将尚让、王播率领五万人进攻凤翔。双方相会于龙尾坡（今陕西岐山县东）。郑畋先派唐弘夫埋伏在要害地方，自己领了几千士兵，疏疏落落地列阵在一座高冈上。尚让等人过于骄傲，以为郑畋是个书生，一定不懂用兵打仗，就一拥攻上，队伍也乱了，不料埋伏的唐军突然杀出，起义军猝不及防，打了个败仗，损失了两万多人，只好向后退却。

起义军遭到挫折，敌人的气焰顿时嚣张起来。善于舞文弄墨的郑畋，乘机发布一道檄文，号召各地藩镇联合起来"讨贼"。不少藩镇纷纷出兵响应，唐军开始发动攻势。王重荣、王处存从东面和东北面，唐弘夫、程宗楚、拓拔思恭、朱玫等从西面和西北面，步步向长安进逼,其中以唐弘夫、程宗楚和王处存两支军队离长安最近。王处存屯兵在长安东北五十里的渭桥,唐弘夫等则一直进到离长安城北二十多里的渭河边上。

黄巢决心用计消灭敌人。中和元年(公元881年)四月五日,黄巢领兵离开长安向东撤退。唐军得到消息,纷纷抢着进城,程宗楚先到,唐弘夫随后,他们怕其他部队争功,连凤翔军和鄜夏军都没有通知。当夜,王处存也领了五千精兵赶到。这些唐军不仅不去追击起义军,甚至连起义军的去向都不打听,他们只顾忙着强占民房,抢劫财物,掳掠妇女,盔甲兵器都扔到一边了。城里的一些流氓无赖也乘机活动,有些人缠上了唐军作为识别标志的白头巾，冒充官军进行抢劫。

起义军其实并没有走远，就露宿在城东二十里的灞上。这时打听到城里唐军的混乱情况，并且知道其他各军并未继续开来，就连夜回军从各门突进长安，与唐军在城内展开大战。唐军既没有统一的指挥又没有后续部队，再加上抢来的财物太多，既背不动又舍不得扔掉，连跑都跑不动，哪里还能打仗？结果被起义军消灭了十之八九，程宗楚、唐弘夫也死掉了。只有王处存带着少数残兵败卒逃出城去。一夜之间，起义军再度占领了长安。

鉴于唐军入城时反动势力的猖獗情况，起义军收复长安之后，对他们进行了一次大规模的镇压，杀掉了许多地主、官僚、贵族和坏分子，城里的秩序逐渐安定下来。

尽管起义军再度占领了长安，并在打破唐军对长安的包围圈的战斗中取得了一连串的胜利，但是他们的战略地位并没有得到根本的改善，处境越来越困难了。过去起义军虽然打下许多地方，因为没有派兵留守，又都被官僚、军阀和地主武装夺了回去。这时，起义军能够控制的只有长安附近南北不过几十里、东西也只有二三百里的一小片地区。这个地区人口稠密，城市人口众多，统治阶级的剥削又十分残酷，粮食本来就不够吃，一向靠外地调运。经过残酷的战争和唐军的骚扰，大批农民或死或逃，许多土地荒废了，外地的粮食又运不进来。几十万起义军和长安一带人民的吃饭成了十分严重的问题。地主、商人乘机囤积粮食，抬高粮价，大做投机生意。原先一二百文一斗的米，这时竟卖到三万文，起义军和老百姓只好吃树皮、野草和草籽。

中和二年（公元882年）正月，唐朝政府重新调整军事部署，免去远在淮南、逗留不进的高骈的诸道行营都统的职务，改令王铎为宰相兼诸道行营都统，跑到成都的郑畋也被任命为宰相，参与军务。对于各路兵马，唐朝政府也重新做了一番布置。王铎率东西川、兴元的唐军屯于长安东北富平的灵感寺。长安的西面是屯于京西的泾原军、屯于兴平的邠宁军和凤翔军、屯于武功（今陕西武功西）的忠武军。长安的北面是屯于东渭桥的保大军（即鄜延军）和定难军（即夏绥军）、屯于渭北的义武军和河中军。十一路唐军再次缩紧了对长安的包围。起义军所能控制的地区，除去长安之外，只有华州和新攻占的同州（今陕西大荔县）了。

虽然起义军处于不利的地位，但仍四面出击，取得了不少胜利。西面把驻屯兴平的唐军逼到奉天，北面尚让从同州一直打到宜君寨（今陕西铜川市北）。不料在七月遇到一场大雪，起义军冻死两万多人，受到不小的损失。

在困难的形势下，有些起义军将领动摇、叛变了。这年八月，防守东面战线的同州防御使朱温借口黄巢没有答应他增加援军的请求，杀掉监军严实、大将马慕，献出同州，投降了王重荣，并无耻地认王重荣做舅父。唐朝政府得到朱温，如获至宝，马上任他为右金吾大将军、河中行营招讨副使，并且赐名"全忠"，以表扬这个叛徒的变节行为，希望他能始终忠于唐王朝。

受了朱温叛变的影响，华州守将李详也进行了投降活动，但被监军告发，黄巢立刻把李详杀掉，派他的弟弟黄邺去镇守华州。但不久以后，李详的一些部下又把黄邺赶走，把华州献给王重荣。这样，长安东面的战线被打开了一个缺口。

尽管起义军受到这些挫折，唐军

还是无法改变相持的局面而取得更大的进展。不少唐朝将领出现了像王重荣所说"臣贼则负国,讨贼则力不足"的彷徨心情。于是,在采纳了杨复光等人建议后,唐朝政府决定召请在雁门关北面一带活动的沙陀族酋长李克用带领沙陀兵前来助战。

这年十一月,李克用得到唐朝召他前去镇压起义的命令,立即率沙陀兵四万人南下,驻在河中。黄巢派使者与李克用讲和,使者竟被杀掉。十二月,因为穿黑衣服而号称鸦儿军的沙陀兵从夏阳(今陕西合阳县西)渡过黄河,进驻同州,开到了镇压起义军的最前线,唐政府任命李克用为雁门节度使、东北面行营都统。力量对比变得不利于起义军了。

中和三年（公元883年）正月，李克用的部将李存贞和黄巢的弟弟黄揆大战于同州南面的沙苑，起义军失败了。二月十六日，十五万起义军在尚让等人的率领下，在梁田陂（今陕西蒲城县西）同以沙陀骑兵为主力的唐军大战。战斗从中午一直持续到黄昏，起义军败退，损失了好几万人。李克用乘胜以主力包围了被王播、黄邺重新占领的华州。

黄巢派尚让等去救援华州，中途被李克用、王重荣的联军打败。沙陀兵一直进到长安北面的渭水边上，小股的沙陀骑兵每夜潜入长安城内进行骚扰，城内秩序开始混乱了。

起义军缺乏对付强悍的沙陀骑兵

的有效办法，几次战斗都吃了大亏。长安城的存粮又已吃尽，敌人四面合围，长安已无法再坚守下去了。黄巢看到了这一点，他派了三万起义军去守卫长安东南的蓝田道，预先留下退路，然后集结力量准备和唐军作战。

三月底，黄揆等人在华州坚持了一个多月之后撤出了华州，长安外围最后一个重要据点失去了。长安已成孤城，唐军从西、北、东三面包围上来。李克用的沙陀兵和忠武军、河中军首先渡过渭河，起义军拼死抵抗，一日三战，唐军的后续部队源源而来，起义军且战且退。四月八日，李克用从长安东北禁苑（皇家花园）的光泰门冲进禁苑。起义军苦战一天，不能取胜，第二天,黄巢焚烧了一部分宫室,率领十五万人按原订计划向东南方向撤退。

进入长安的沙陀兵和其他各路唐军乱烧乱杀,长安城里火光冲天,哭声不断,来不及撤退的起义军及其家属和长安市民纷纷被害。这座当时世界最大、最繁华的城市,几乎全被烧光、抢光。

起义军十分了解唐军贪婪的特点。他们在撤退时,故意把一些珍宝沿途抛撒。果然,追击的唐军争着去攫取这些珍宝,不再急着追击。于是起义军从容地从蓝田越过秦岭,撤向河南。

占领长安使得唐朝统治阶级欣喜万分。他们赶紧奖赏有功的将领。李克用、朱玫等都加"同平章事",即带宰相的职衔,其他有功之臣也纷纷升官晋爵。李克用由于功居第一,尤其得到唐朝的重视,不久,他就被任命为河东节度使(驻太原),从此割据了以太原为中心的晋中地区。叛徒朱全忠则被任命为宣武节度使,割据了控制运河交通线的汴州(今河南开封市)一带地区。

但是,唐朝统治阶级高兴得早了一点,起义军还在河南一带活跃着。

九、悲壮的结局

从长安撤出的十几万起义军向河南进发,大将孟楷率领一万精兵为先锋,进攻蔡州(今河南汝南)。节度使秦宗权打了败仗,投降了起义军。起义军接着向陈州(今河南淮阳)进攻。

陈州刺史赵犨是当地有势力的恶霸,他又颇有谋略。他早已预料到黄巢如果不在长安决战,一定东撤,陈州正好是起义军必经之地。因此积极修筑城堑,整治军器盔甲,蓄积粮草,实行坚壁清野的政策。陈州附近六十里内的人民，只要家里有物资粮食的，全部被强迫迁往城内。赵犨又大肆扩充军队，派他的弟弟、儿子统率。孟楷在蔡州得胜后，不免有些轻敌，赵犨故意示弱，趁孟楷没有防备，突然逆袭，起义军先头部队几乎全部损失，孟楷不幸被唐兵俘获，壮烈牺牲。

孟楷是黄巢手下有名的大将，他的失败使起义军受到沉重的打击。黄巢非常震怒，下令全军屯据陈州西南的溵水（今河南商水南），决心攻取陈州。这年六月，起义军和秦宗权的部队包围了陈州，掘了五重长堑，从四面八方发动猛烈的攻击。赵犨率领守兵极力抵御，还不时出城反击。黄巢一时不能得胜，更加气愤，在州北立下大营，修筑宫室衙门，在西华（今河南西华县）囤积粮食，由黄思邺守御，准备用长期围困的办法攻下陈州。

陈州之役，起义军完全放弃了他们过去擅长的游动作战方式。尽管进行了大小数百次战斗。由于唐军守御牢固，陈州始终未能攻克。河南一带，连年兵荒马乱，生产早已被破坏，百姓生活痛苦异常，起义军四处征集给养，远到洛阳、许、汝、唐、邓、孟、郑、汴、曹、濮、徐、兖等数十州，还是不能维持。这一带又是唐朝藩镇势力比较强大的地方，起义军久攻陈州不下，赵犨派人四处求救，各路藩镇军队又渐渐朝陈州地区包围上来。宣武节度使朱全忠被唐政府任命为东北面招讨使，感化节度使（驻徐州）时溥驻屯溵水，被任命为东面兵马都统，忠武节度使周岌也发兵援救陈州。这样，起义军又在河南大平原上同唐朝的河南藩镇军队形成了相持状态。

朱全忠、时溥、周岌看到竭尽全力还是无法取胜，就共同向太原的李克用求援。中和四年（公元884年）二月，李克用率领沙陀兵和汉兵五万人南下，三月底与朱全忠、时溥、周岌以及兖州唐军会合于陈州外围。一场决战眼看就要爆发，可是黄巢却没有采取积极的对策，还在那里照旧猛攻陈州。

四月，唐军进攻尚让屯驻的陈州

北面的太康，尚让失利撤退，接着唐军又攻陈州西面的西华，黄思邺又失利败走，起义军屯聚的粮草丧失了。黄巢只好指挥围城的起义军退回陈州北面的故阳里，放弃了攻下陈州的打算。

朱全忠见到黄巢向北退兵，恐怕他的老巢汴州有失，赶紧撤回部队。这年五月，故阳里一带大雨，平地水深三尺，起义军营地被淹，损失不少物资，又听说李克用的部队压了上来，黄巢决定拔营北上，进攻汴州。尚让率领五千骑兵为前锋，一直攻到汴州城南五里的繁台。朱全忠的部下朱珍、庞师古等人拼死抵抗，才算勉强挡住起义军的攻势。朱全忠赶紧派人向在许州的李克用告急。李克用和忠武军从许州出发，在汴州西面中牟（今河南中牟县）的王满渡碰上了正在渡汴河的起义军，李克用趁起义军渡河队伍散乱的机会，发起突然袭击，起义军缺乏准备，吃了个大败仗，牺牲了一万多人，队伍溃散了。在这样严重的时刻，不少起义军将领变节投降，尚让率领一些人投降了时溥，李谠、霍存、葛从周、张归霸和他的弟弟归厚等投降了朱全忠。进攻汴州的计划失败了。黄巢只好率领余下的人马向北撤退，打算回到老家曹州一带，继续坚持战斗。

然而，由于李克用的沙陀骑兵的穷追不舍，起义军始终没有得到喘息的机会，从中牟经封丘（今河南封丘县）过匡城到冤句，一连四天，急行军四百多里，队伍大部散失，黄巢手下只余下一千多人向兖州方向退去，连六岁的儿子和乘舆、器物、印信等也全被唐军所获。但是李克用手下的骑兵能跑的也只剩下二百多人了，只好收兵回汴州，准备补充一些粮草再去追击。

李克用回到汴州，朱全忠设宴招待，这两个各怀野心又互相忌恨的军阀在宴席间起了冲突，朱全忠在宴后围攻李克用居住的馆舍，李克用的随从和监军都被杀掉，李克用逃跑后收兵退回太原，从此和朱全忠结下深仇大恨，双方互相攻打了将近四十年。

李克用、朱全忠相互火并，顾不上追击起义军了。感化节度使时溥派大将李师悦率兵万人继续追击黄巢，叛徒尚让也跟随前往。中和四年（公元884年）六月，唐军追到瑕丘（今山东曲阜西二十五里），和起义军遭遇，起义军战败，人马几乎全数损失。黄巢继续向东北撤退，来到泰山东南的狼虎谷（今山东莱芜市境内），住到一个姓翁的老百姓家里。黄巢看看身旁跟随的部下，包括当年一同起义的几个兄弟在内，总共剩不了几个人了，而且个个尘土满身，疲惫不堪。追兵从后紧逼，再往东北去，是平卢节度使驻屯的青州地区，往北渡过黄河，则是沧景节度使的地界，四面都是唐军，不可能再有什么出路了。于是他向大家说："我本想带领你们推翻万恶的唐朝，做一番事业，可是这个愿望不能实现了，我只好和你们告别了。"说完，他让外甥林言把他杀掉，林言不忍下手，黄巢自己夺过刀来自刎了，他的七个兄弟及他们的妻子也随着一起自杀。正在这时，一支沙陀骑兵和博野军的混合部队追了上来，把林言也杀掉了。轰轰烈烈的农民大起义，就这样悲壮地失败了。这是中和四年（公元884年）六月十七日的事。

黄巢死后，人民始终没有在封建统治者的屠刀下屈服，小股的农民起义仍旧不时地在这里或那里爆发，延续了几十年。黄巢的起义军也保存了一部分力量，由他的侄子黄浩率领。这支七千人的队伍号称"浪荡军"，在长江中下游一带转战，又坚持战斗了将近二十年，直到昭宗天复年间，才在湖南湘阴遭到土豪邓进思、邓进忠兄弟的突然袭击而失败。

人民也始终忘记不了自己的领袖黄巢。好多人不相信他真的牺牲了。陕西、河南一带的老百姓中长久流传着这样的传说：机智的黄巢在最后关头逃脱了敌人的追捕，出家当了和尚，隐姓埋名，住在洛阳，直到老死。在长安、明州（今浙江宁波）还有传说的黄巢墓，每年都有不少人去祭扫。黄巢起义军所到的地区，都有不少关于起义军和黄巢本人的古迹、传说，有些甚至一直留传到了今天。

十、这次起义的历史意义

黄巢起义在中国历史上写下了可歌可泣的一页。在十年的时间里,黄巢领导的农民军跋山涉水,行军几万里,走过了今天十三个省的地区,克服了无数自然的险阻,抗击了优势敌人的堵截追击。他们运用了机智灵活的战略战术,避实击虚,屡次给优势的敌人以沉重打击,使自己从弱小变为强大,充分显示了起义农民的机智勇敢和卓越的军事才能。

起义军在斗争中提出了推翻唐政权的口号，直指腐朽的唐政权的弊政，这是那个时代最进步的政治思想。起义军在当时的历史条件下，仿照封建政权的形式建立起农民政权，运用它来组织战斗和镇压敌人，并且实行了一些有利于革命势力发展的政策，如分化山东、河南一带的藩镇，以便把主要斗争目标集中于唐朝中央政权等，充分显示了起义农民在政治上的创造性。

起义的失败是不可避免的，这是封建时代的中国没有先进阶级领导的一切农民起义的共同命运。但是，中国历史上某些农民起义尽管不能从根本上推翻封建的经济关系和封建的政治制度，却曾取得直接推翻腐朽的旧封建王朝，建立新的封建王朝这样的结果。可是，黄巢起义尽管打进长安，却功败垂成，没有取得这样的结果，这是什么缘故呢？

从客观方面说，当时各地藩镇分裂割据的局面虽然在起义初期便利了起义的发展，但等到起义军夺取了长安，开始准备把自己的势力扩展到全国时，却遇到了极大的阻力，而各地割据势力由于利害关系，也在这时联合起来对付起义军。再加上唐政府又无耻地勾引少数民族的沙陀骑兵前来镇压农民军，这就使得起义后期双方力量的对比有利于唐军而不利于起义军了。

从主观方面看，起义军前期流动作战，没有建立一块根据地，攻城占地，旋得旋失，既未留兵戍守，也没有建立地方政权，更没有重视打击地方上的地主、官僚势力。起义军一旦离开，原先占领的地区又重新落到唐朝政府或当地地主、土豪的手里。结果占领长安之后，起义军所能控制的只是关中的一小块地方，而这一小块地方，人口稠密，粮食匮乏，地主、官僚势力强大，又是唐军围攻的焦点，无法巩固和扩展，因而使得起义军无法在这里坚持斗争下去。

  从军事上看，起义军在前期运用机动灵活的流动作战方式打击敌人，横扫全国，占据了主动，取得了很大胜利。但是进入长安以后，却留恋大城市，逐渐丧失了原来作战的特色。起先困守长安,等到长安不守,被迫转移到河南之后,又屯兵陈州,围攻三百天,攻城不下,甚至营建宫室,准备久居。战败之后,又不向唐朝统治比较薄弱的江淮地区转移,而去进攻易受包围的汴州,接着又向藩镇林立、回旋余地狭窄的山东方向撤退。这就难免处于被动挨打的地位,以致最后失败。

从政治上看,起义前期的那些朴素的口号和纲领,对于分化和瓦解敌人、号召群众、壮大起义力量,起了很大作用。但在进入长安、建立大齐政权以后,起义军却没有制定出什么严密可行的纲领和制度,特别是在农民最关心的获得土地、减轻负担和安顿生产等问题上,大齐政权没有拿出一点办法来。

而且，当时即使采取了某些类似措施，在战争形势十分紧张、根据地十分狭窄、四周都是唐朝割据势力的情况之下，这些措施也不可能真正实行，这就使得大齐政权不免逐渐脱离群众，失去了号召群众、团结群众的力量。

最后，在进入大城市以后，起义军首领们也逐渐发生了变化。他们麻痹轻敌，没有抓紧时机追歼逃跑的唐朝皇帝，打仗有时又轻敌冒进，有的将领生活开始腐化堕落，强夺民宅、财物一类的事经常出现，革命意志衰退了。在艰苦的形势下，动摇叛变的情况不断发生。这样，起义军的性质渐渐变化，渐渐变得和藩镇军队区分不清了。

在人民群众支持下发展壮大起来

的起义军，在优势敌人的围攻下，由于本身的弱点和错误，竟然渐渐脱离了群众，失去人民的支持，这就是这次农民战争失败在主观方面的根本原因。

黄巢起义失败了，但是唐王朝及其所代表的地主阶级腐朽势力却受到了致命的打击，不能再照旧统治下去了。在镇压起义中强大起来的军阀们不把朝廷放在眼里，他们各霸一方，互相攻打。最后叛徒朱全忠篡夺了唐朝政权，建立了梁朝。但是各地割据，互相争战，几十年的时间，竟然换了五个朝代，直到北宋时中国才重新得到统一。由于最腐朽的封建势力在农民起义和后来的割据混战中被消灭了，农民所受的剥削和压迫多少减轻了一些，所以到了五代末期，社会又开始出现了安定、繁荣的景象，经济文化也出现了进一步发展的趋势，这就为北宋的繁荣奠定了基础。

农民起义的浪潮冲垮了唐朝的封建统治，扫荡了最腐朽的地主、贵族、太监的势力，归根到底促进了社会的繁荣和发展，这就是这次农民起义对历史发展所做出的重要贡献。

出版说明

"新编历史小丛书"承自20世纪60年代吴晗策划的"中国历史小丛书",其中不少名家名作已经是垂之经典的作品,一些措辞亦有写作伊初的时代特征。为了保持其原有版本风貌,再版过程中不做现代汉语的规范化统一。读者阅读时亦可从中体会到语言变化的规律。

"新编历史小丛书"编委会

图书在版编目（CIP）数据

黄巢起义 / 宁可著. — 北京：文津出版社，
2024.6
　（新编历史小丛书）
　ISBN 978-7-80554-910-1

Ⅰ. ①黄… Ⅱ. ①宁… Ⅲ. ①黄巢起义—通俗读物
Ⅳ. ①K242.4-49

中国国家版本馆 CIP 数据核字（2024）第 078635 号

责任编辑　陶宇辰
责任营销　猫　娘
责任印制　燕雨萌

新编历史小丛书

黄巢起义
HUANG CHAO QIYI
宁可 著

出　　版	北京出版集团
	文津出版社
地　　址	北京北三环中路 6 号
邮　　编	100120
网　　址	www.bph.com.cn
总 发 行	北京伦洋图书出版有限公司
印　　刷	北京汇瑞嘉合文化发展有限公司
经　　销	新华书店
开　　本	880 毫米 ×1230 毫米　1/32
印　　张	3.75
字　　数	55 千字
版　　次	2024 年 6 月第 1 版
印　　次	2024 年 6 月第 1 次印刷
书　　号	ISBN 978-7-80554-910-1
定　　价	24.80 元

如有印装质量问题，由本社负责调换
质量监督电话　010-58572393